Landkreis Wesermarsch

Bilder von einem Land am Wasser

Fotos
Claus Hammer

Texte
Claus Hammer
Pauline Lucie Hammer

ISENSEE VERLAG
OLDENBURG

Funde aus der Steinzeit im Watt vor Fedderwarden werden als erste Hinweise auf eine Ansiedlung in der **Wesermarsch** gedeutet. Ausgrabungen von Resten eines Hauses bei Rodenkirchen gelten als eindeutige Anhaltspunkte für eine Siedlung aus der Bronzezeit um 900 v. Chr.

Um sich vor den Fluten der Nordsee zu schützen, bauten die Menschen hier bereits im 10. Jahrhundert ihre Häuser auf höher gelegenen Wurten.
Die aus den heutigen Niederlanden eingewanderten Friesen verstanden es um1000, ihre Dörfer durch Ringdeiche zu schützen. Etwa 200 Jahre später begannen sie mit dem Bau von Seedeichen.
Im 12. und 13. Jahrhundert bildeten sich die drei Bauernrepubliken Stadland, Butjadingen und Stedingen, in denen Konsulatsverfassungen Recht und Ordnung regelten.
Im Laufe der Jahre brachten es die auf ihren ertragreichen Marschböden lebenden Bauern zu beachtlichem Wohlstand.
Uneinheitliche Herrschaftsverhältnisse im Stedinger Land nutzten die Oldenburger Grafen dort zum Bauen von Burgen mit dem Ziel, in der Wesermarsch die Herrschaft zu erlangen.
Die Stedinger sahen darin einen Bruch der ehemals geschlossenen Verträge und wehrten sich ab 1204 mit handfesten Aufständen, denen kriegerische Auseinandersetzungen folgten. Dabei gelang es den Stedingern bis1214, einige dieser Burgen zu zerstören. Ein Angriff auf das Kloster Hude veranlasste den Papst einen Kreuzzug gegen die Stedinger zu genehmigen. Das daraufhin gebildete weit überlegene Kreuzfahrerheer schlug die Stedinger in der historischen Schlacht bei Altenesch 1234 vernichtend. Damit verwirkten die Stedinger ihre Selbständigkeit und wurden in die Grafschaft Oldenburg eingegliedert. Das gleiche Schicksal traf im Jahre 1514 die Stadlander und Butjadinger, als sie einem übermächtigen Ritterheer bei Rodenkirchen unterlagen.
In der folgenden Zeit verloren die Menschen der gesamten Wesermarsch ihre Selbstbestimmung und ihren Besitz an die Oldenburger Grafen.
Erst Graf Anton Günther (1603-1667) gab den Menschen in der Wesermarsch ihre alten Rechte teilweise zurück. Diese wiedererlangte Selbständigkeit verhalf besonders den Bauern zu einer sehr gewinnbringenden Pferde- und Viehzucht.

Nach einigen Umgliederungen entstand 1933 aus den bestehenden Amtsbezirken und Stadtämtern der Landkreis Wesermarsch.

Die tiefer liegenden weiten Marschen und ausgedehnten Moore sind von über 150 Kilometern See- und Flussdeichen an Jadebusen, Weser und Hunte zum Schutz vor Überflutungen umgeben.

Der helle Strand der Weser, die frische, reine Luft am Wattenmeer und der Jadebusen mit den gepflegten Campingplätzen und Badeorten sind seit langem ebenso gern besuchte Urlaubs- und Ausflugsziele wie die interessanten Hafenstädte an der Weser.

Die kleinen Flüsse und Siele, an deren Ufer bezaubernde Orte entstanden, gehören ebenfalls zum reizvollen Landschaftsbild der Wesermarsch als einem **Land am Wasser** (nächste Seite).

In **Altenesch** führen kleine Straßen, weit abgelegen vom Durchgangsverkehr, direkt an den Reetdachhäusern vorbei, die sich eng an den Deich anzulehnen scheinen (oben).

Das rebellierende Aufbegehren der selbstbewussten Stedinger Bauern gegenüber dem Erzbischof von Bremen führte letztendlich zu der geschichtlich bedeutenden **Schlacht bei Altenesch.** Am 27. Mai 1234 standen die Stedinger Bauern einem übermächtigen Kreuzzugsheer des Erzbischofs gegenüber und wurden endgültig geschlagen. Ein gusseiserner **Obelisk** an der Landstraße bei Altenesch soll an diese Schlacht erinnern (rechte Seite).

Es sieht so aus, als sei die kleine **St.-Marien-Kirche in Warfleth** - entstanden in den Jahren 1414 bis 1425 – in den Weserdeich hineingebaut. Tatsächlich aber war sie einmal Mittelpunkt des Dorfes. Als nach einer Flutkatastrophe die Weser ihr Bett erheblich verbreitert hatte, waren die Menschen gezwungen, den Deich bis an die Kirche heranzubauen.

Von dem gepflegten Klinkerbau der Kirche angezogen fühlen sich viele Vorbeikommende veranlasst, auch das Innere kennen zu lernen. Mit ihrer ausgesuchten **norddeutschen Schnitzkunst** ist die Kirche eine eindrucksvolle Sehenswürdigkeit am Rad- und Wanderweg entlang der Weser.

Die **St.-Aegidius-Kirche** in **Berne**, die nach einigen Umbauten um 1450 ihr gegenwärtiges Aussehen erhielt, steht auf geschichtsträchtigem Boden. Ihre Vorgängerin war Ausgangspunkt für das heftige Auflehnen der Stedinger Bauern zu Beginn des 13. Jahrhunderts gegen das feudalistische Regime des Erzbischofs von Bremen (linke Seite).
Zwei bedeutende Kunstwerke im Inneren der dreischiffigen Hallenkirche sind auf dieser Seite zu sehen. Der Altar von 1637 stammt aus der Werkstatt des Hamburger Holzschnitzers Ludwig Münstermann. Ein besonders klang- und stilvolles Beispiel alter Orgelbauerkunst ist die nach den 1709 von Arp Schnitger entworfenen Plänen entstandene Orgel.

Nördlich von Berne, im „feuchten Dreieck“ zwischen Hunte und Weser, befindet sich **Dreisielen**. Besucher legen auf ihren Ausflügen entlang der Weser hier gerne eine Pause ein, um die beschauliche Landschaft in sich aufzunehmen. Von der Ollenbrücke gleitet der Blick über ein kennzeichnendes Stück Wesermarsch (oben).
Die jeweils individuell angelegten Gärten hinter den Häusern haben eine wunderbare Gemeinsamkeit: Sie enden alle besonders idyllisch am alten Huntearm (rechte Seite).

Mit **Moorriem** (Seiten 12-25) besitzt der Landkreis Wesermarsch eine Kulturlandschaft, die sich wegen ihrer Geschichte und der einzigartigen Siedlungsstruktur als absolute Ausnahme von vielen anderen Landschaften in Deutschland deutlich unterscheidet.

Die ersten Siedler schufen - wie vermutet wird - um 1100 in den Uferzonen der Weser und Hunte ihre Wohnplätze auf einzelnen Dorfwurten mit jeweils kleinen Hausgruppen.
Um den sich stetig wiederholenden Überflutungen durch die ansteigenden Flüsse zu entgehen, verlegten die Bewohner in verschiedenen Siedlungsphasen ihre Lebensbereiche in Richtung des höher gelegenen Moores.

Nachdem zu Beginn des 12. Jahrhunderts mit dem Eindeichen von Hunte und Weser begonnen wurde und die großen Überschwemmungen zurückgingen, ergab sich die Möglichkeit einer Kultivierung des Gebietes zwischen den Ufern und dem Beginn des Moorlandes.

Der Erzbischof von Bremen entschied, das Land in parallel verlaufende schmale „Hufenstreifen" aufzuteilen und an die Siedler zu verkaufen. Die Kultivierung erfolgte nach holländischem Vorbild und wahrscheinlich auch mit Unterstützung holländischer Fachleute. So wurde das in Holland entwickelte Muster einer „Marschenhufensiedlung" auch in Moorriem verwirklicht.

In der zweiten Hälfte des 14. Jahrhunderts entschieden die Siedler wegen des immer noch zu nassen Untergrundes, die Grundstücke zu verlängern und den Bau ihrer Häuser bis auf die gegenwärtige Siedlungshöhe vorzuziehen. Damit standen die Höfe aus wirtschaftlichen Gründen etwa an dem Übergang von der Marsch zum Moor auf der Mitte der Grundstücke, die wie Riemen lang und schmal geschnitten bis tief in das Moor verliefen. Diese Siedlungsform gilt als eine der großen Besonderheiten dieser Landschaft. Es wird angenommen, dass damit die heutige Landschaft und Gliederung Moorriems allmählich entstand und wohl auch zum Namen dieses Gebietes beigetragen haben dürfte.

Den schlanken Grundstücken angepasst entsprach aus Platzmangel auch die Bauweise der Höfe in Längsrichtung. Als Vorteil erwies sich dabei, dass die Wirtschaftsfront zur windabgewandten Ostseite ausgerichtet war. So erhielt die große dunkle Diele durch die geöffnete „Grootdör" eine zugfreie Belüftung und das nötige Tageslicht.
Auffallend ist auch der etwa 100 Meter betragende Abstand der Höfe von der Straße, der als eine weitere heimische Eigenart anzusehen ist.

Die unter Denkmalschutz stehenden reetgedeckten Häuser mit ihrem auffallenden weißen Fachwerk vermitteln dem Betrachter den ersten und sicher auch bleibenden Eindruck von dieser historisch geprägten einzigartigen Landschaft Moorriem (rechte Seite).

Ein Beispiel für den Erhalt selten gewordener kultureller Beschaffenheit ist der Hof von Anke und Rolf Mielcke. Bereits von der Straße aus wird dem Betrachter das mit großem Aufwand erhaltene historische Gehöft zum Blickfang. Dieses Niederdeutsche Hallenhaus aus dem Jahr 1768 offenbart, warum sich immer mehr Menschen vom „Leben auf dem Lande“ angezogen fühlen.

Die „Grootdör“, durch die die Menschen mit ihren Tieren und Wagen seinerzeit ins Innere gelangten, ist heute noch der Haupteinlass zum Haus. Die Heckpforte ermöglichte es, die Grootdör offen stehen zu lassen, aber gleichzeitig den Tieren den Zugang ins Haus zu verwehren.
Die mit ausgewählten holländischen Kacheln versehene Stirnwand der Diele, in der ehemals seitwärts das Vieh stand, lässt erkennen, wie sehr die Bewohner bereits in diesem „Vorraum“ auf eine eindrucksvolle Darstellung ihres kultivierten Lebensstils bedacht waren (Seite 16 unten).
Der dahinter beginnende Wohnbereich mit seiner stilvollen, behaglichen Einrichtung lässt auch etwas über das persönliche Wohlempfinden der Besitzer erkennen (Seite16 oben).

Wer einen solchen Besitz als sein Zuhause erwirbt, wird dies nicht ohne die besondere Freude an der umliegenden Landschaft getan haben. Wohl dem, der dazu noch die Möglichkeit hat, mit einer Kutsche direkt vom Hof aus auf leisen sandigen Wegen die Natur des nahen Moores zu genießen.

Einen besonderen Zauber der Natur verspürt der Gast im Besuchergarten von Ute und Albrecht Ziburski. Als **Garten Moorriem** bekannt, lassen sich bereits im Frühjahr die Besucher im vorderen Bereich von den zarten Pastellfarben der Blüten verzaubern. Bis in den Herbst hinein erlebt der Gast bewundernswerte Beispiele genialer Gartengestaltung. Vor allem die Beete leben von dem Kontrast nebeneinander stehender farblich kunstvoll abgestimmter Blumen und werden so zu einer Symphonie der Farben. Mit dem freien Blick in die anschließende freie Landschaft bilden die Rabatten am Ende der Naturanlage einen beeindruckenden Abschluss dieses einzigartigen Gartens in Moorriem (oben und nächste Seite).

Die **Fachwerk-Kirche St.-Anna** in Moorriems Ortsteil Bardenfleth fügt sich in die historische Bauweise der umliegenden Bauernhöfe ein.
Als Nachfolgekirche eines Fachwerkbaues von 1324 entstand sie 1620 an gleicher Stelle und in gleichem Stil.

Die farbenreiche Ausgestaltung im Inneren mit ihrer blauen Rankenbemalung der Decke und die weiße Zeichnung auf den braunen Deckenbalken sind vermutlich bei einer Renovierung im Jahr 1731 entstanden. Den gegenwärtigen Gesamteindruck des Innenraumes mit seinem Altar von 1620 und der aus dem 17. Jahrhundert stammenden Kanzel erhielt die Kirche während einer aufwendigen Restaurierung von 1980 bis 1984.

Seit 1683 existierte an dieser Stelle ein Hof, bis 1804 das **Fachwerkhaus** als **Wohn- und Wirtschaftsgebäude** neu entstand. Das links daneben 1901 in **städtischem Stil** erbaute **Wohnhaus** zeugt von dem inzwischen entstandenen Bedürfnis, getrennt von Vieh und Stall wohnlicher leben zu wollen.

Neben den **Wegen zum Moor** stimmen die blühenden Wiesen bereits in die einzigartige Landschaft der **„Möörte“** ein.

Im südlichen Moorriem bietet die **Gellener Torfmöörte** dem Naturliebhaber ein einmaliges Kleinod in der Wesermarsch. Als die Bewohner das ehemalige Torfabbaugebiet nicht mehr nutzten, breitete sich dort im Laufe der Jahre die ursprüngliche Pflanzenwelt erneut aus. Heute führen schmale Wege um dunkle Teiche durch die stille Welt des landschaftlich geschützten Moores (diese und nächste Seite).

Die Menschen hinter den Deichen leben in ständigem Kampf mit der Naturgewalt des Wassers. Deshalb legen sie einen besonderen Wert darauf, den einwandfreien Zustand der Deiche zu erhalten. Dabei helfen ihnen die **Schafherden**, wenn sie bei ihrer Futtersuche als „Trippelwalze" die Mäuse- und Maulwurfslöcher schließen.

Ob bunt oder einfarbig - was einst den Bauern in der Wesermarsch hohe finanzielle Gewinne und großes Ansehen einbrachte, ist heute immer noch eine Basis der Landwirte. Auf den fetten Weiden des Marschenbodens finden die **Kühe** kräftige und gesunde Nahrung. In der Einsamkeit der entlegenen Weiden sind sie für eine kurze Aufmerksamkeit von den Vorbeigehenden, wie in **Gellen**, stets dankbar.

Am **Weserufer** auf der **Juliusplate** hat man in der Nähe des Leuchtturms einen freien Blick auf die Weser.

Seit dem Mittelalter verbindet eine **Fähre** Lemwerder mit Vegesack.

Im 19. Jahrhundert stellte **Lemwerder** einen erheblichen Teil der Seeleute für die Robben- und Walfangschiffe. Bei dem aufkommenden Bedarf an Schiffen entstanden am Weserufer die ersten **Schiffswerften.**
Seit über 135 Jahren führt die Familie Lürssen - jetzt in vierter Generation - die Geschäfte der **Lürssen Werft** und liefert Schiffe in höchster Qualität an Kunden in aller Welt. Die hierbei erworbenen Erfahrungen und Fertigkeiten sind eine Gewähr dafür, Schiffe zu bauen, die den individuellen Wünschen und unterschiedlichen Ansprüchen der Kunden gerecht werden. Mehr als 1400 Personen sind an der Fabrikation von hochkarätigen Yachten bis zu den mit speziellen Technologien ausgerüsteten Marineschiffen beteiligt.
Das eigenständige Traditionsunternehmen beschreibt die Erfolge der Werft mit dem Hinweis, für den internationalen Markt so zahlreiche Schiffe entwickelt, gebaut und in so viele Länder ausgeliefert zu haben, wie keine andere Werft (diese und rechte Seite).

LURSSEN

Das **Elsflether Rathaus** besteht aus zwei Gebäudeteilen. Den südlichen Teil ließ Graf Anton Günther von Oldenburg 1623 als Zollhaus zur Erhebung des Weserzolls errichten. Im 19. Jahrhundert wurde das Gebäude zu seinem klassizistischen Aussehen verändert. (oben)

Als einer der ältesten Orte an der Weser ist Elsfleth seit jeher eng mit der Schifffahrt verbunden. Die Ausbildung der Seeleute in dieser Stadt geht auf die Gründung einer Navigationsschule im Jahre 1832 zurück. Inzwischen ist die seemännische Ausbildung in den Studienbetrieb der 2009 gegründeten **Jade Hochschule** übergegangen (rechte Seite).

Die um 1500 aus einer Kapelle hervorgegangene **St.Nicolai-Kirche** in **Elsfleth** wurde bis 1690 wegen der wachsenden Bevölkerung zweimal durch einen außergewöhnlichen Anbau des Kirchenschiffes im rechten Winkel erweitert (oben und rechte Seite).
Auf dem Kirchenvorplatz wird die Verbundenheit mit der Seefahrt in einem aus Edelstahl gefertigten Denkmal deutlich, in dessen Mittelpunkt ein von hohen Wellen umspülter Dalben steht. Dieses Ehrenmal soll an die von ihren Fahrten nicht wiedergekehrten Seefahrer erinnern.

1836 erhielt der Oldenburger Orgelbauer Schmidt den Auftrag eine neue **Orgel** zu bauen. Während der Kirchenrenovierungen 1969 und 1993 wurde auch dieses Instrument überholt .
Der links zu sehende **Kirchstuhl** hat ebenfalls seit dieser Zeit seinen Platz im Ost-West-Flügel. Die achteckige **Kanzel** stammt allerdings aus der ersten Hälfte des 17. Jahrhunderts.

Ein außergewöhnliches Ereignis ist ein Törn auf dem Dreimastschoner **„Großherzogin Elisabeth"** von ihrem Heimathafen Elsfleth aus in die Nordsee. Bei einer Fahrt auf dem offenen Wasser unter vollen Segeln empfinden die Gäste etwas von dem Leben der alten Fahrensleute. Während der Rückfahrt sind beim Einbiegen in die Hunte die Segel bereits eingeholt (oben).
Ein willkommener Treff an der Kaje ist insbesondere das **Hafenfest**, wenn historische Segelschiffe zu einer Besichtung einladen (rechte Seite).

STATSRAAD LEHMKUHL
BERGEN
Touristik Büro

In einer idyllischen Landschaft direkt an der Weser können die Wassersportler ihre Boote in der **Hafenanlage** des **Segelvereins Weserstrand Elsfleth** festmachen (oben).

Seit 1979 schützt das **Huntesperrwerk** die Elsflether und das anschließende Hinterland vor Schaden bringenden Überschwemmungen (rechte Seite).

Die über hundert Jahre währende Familientradition der **Pferdezucht** nahm Hinrich Wulf nach einer Unterbrechung in den Kriegsjahren mit der neuen Gründung einer Welsh-B-Zucht 1966 wieder auf. Inzwischen sind sein Wissen und die erlangten Erfahrungen in die Arbeit der Tochter Karen Wulf eingegangen. Sie setzt in einem Hof aus der Mitte des 19. Jahrhunderts in **Lienen** die Familientradition mit großer Liebe zu ihren **„MoorKiekern“** fort (oben und nächste Seite).

Einblicke in die Geschichte der Dampf- und Segelschifffahrt vermittelt das **Seefahrtsmuseum** in **Brake** seit 1985 in einem alten Kaufmanns- und Reederhaus.

Der Stammsitz des Museums ist seit 1960 allerdings der ehemalige **Telegraph**. Das **Wahrzeichen der Stadt** zeigt auf sieben Etagen überlieferte Stücke aus der heimischen Seefahrt.

Ein weit sichtbares Symbol über den Dächern von Brake ist der Anker auf dem Kirchturm der 1962/63 errichteten **St.-Marien-Kirche.** Er stellt ein urchristliches Sinnbild für die Hoffnung durch den Glauben dar. Der neuzeitliche Baustil soll ein Kirchenschiff veranschaulichen**,** das im Strom der Weser vor Anker gegangen ist.

Im **Binnenhafen** gibt es neben denen der Berufsschifffahrt auch genügend Liegeplätze für Sportboote.

Der **Braker Hafen** liegt am tiefen Fahrwasser der Weser. Die von Ebbe und Flut unabhängige Hafentätigkeit war für die geschichtliche Entwicklung der Stadt von erheblicher Bedeutung. Im Wesentlichen sorgen Massenschüttgut und Stückgüter für die wirtschaftliche Auslastung des Hafens. Inzwischen laufen Schiffe mit wesentlich mehr Tiefgang und größerer Ladefähigkeit den Hafen an und beleben den Umschlagsverkehr.

Die vom Binnenland aus weit sichtbare Silhouette von Brake wird bestimmt von den hochragenden **Getreidesilos** im Hafen. Das Löschen der Ladungen geschieht frei von manueller Tätigkeit, da dieser Vorgang inzwischen automatisch gesteuert wird.

Die Braker **Kaje** – ein angenehmer Treffpunkt in ruhiger Umgebung mit weitem Blick über die Weser. Von hier aus bringt die historische Fähre „Gunt Siet“ Personen auf die Halbinsel Harriersand.

Ein Blick vom Harriersand über das Wasser auf das **Panorama von Brake** zeigt einige charakteristische Merkmale der Seefahrtstadt an der Weser.

Im 16. Jahrhundert entstand neben der Burg Ovelgönne eine Marktsiedlung, die zu einem geschäftlichen Mittelpunkt in der Wesermarsch wuchs.
Heute erinnert der Ort **Ovelgönne** mit einigen restaurierten Baudenkmälern unter dem Motto „Schönes Burgdorf Ovelgönne" an seine Geschichte.

Das Gasthaus **„Zum König von Griechenland"** besteht seit 1839. Nachdem 1844 Prinz Otto von Bayern und König von Griechenland dort abgestiegen war, bekam es seinen weiterhin bestehenden erinnerungsvollen Namen (oben).
Schräg gegenüber steht das historische Gebäude aus dem Jahre 1773, in dem das **Norddeutsche Handwerksmuseum** Bereiche der ländlichen Arbeit zeigt (rechte Seite).

MUSEUM
1773

Jaderberg bietet mit dem **Jaderpark** einen besonderen Reiz für familiäre Tagesausflüge. Ein Freizeitvergnügen mit Attraktionen, wie sie sonst auf Jahrmärkten anzutreffen sind, bereitet insbesondere den Kindern Spaß und gelegentlich auch etwas Nervenkitzel.
Tierfreunde haben die Möglichkeit, in einem weitläufigen Park etwa 100 verschiedene Tierarten in ihren Gehegen aus der Nähe zu erleben (diese und nächste Seite).

Die mittelalterliche **St. Matthäuskirche** in **Rodenkirchen** wurde zum Schutz vor dem Hochwasser auf einer Wurt gebaut. In der ursprünglich im romanischen Stil errichteten Saalkirche mussten im Laufe ihrer Geschichte etliche Veränderungen vorgenommen werden. Die so entstandenen „Spuren der Zeit" sind heute noch am Mauerwerk erkennbar (oben).
Ein eindrucksvolles Kunstwerk von Ludwig Münstermann verdient es, besonders erwähnt zu werden. Der Altar wurde 1629 nach elf Jahren Bauzeit fertiggestellt. Das von verschiedenen Seiten einfallende Licht verstand Münstermann derart geschickt zu nutzen, dass seine vielen Figuren besonders deutlich und wichtig erscheinen (rechte Seite).

Der historische **Abser Hafen** ist mit Sportbooten über die Schweiburg und das Abser Siel zu erreichen. Am Ende dieses Wasserweges findet der Skipper einen erholsamen Platz zum Festmachen.
Hier liegt auch die **„Hanni“** (Bildmitte). Sie ist der Nachbau eines Dielenschiffes aus dem 19. Jahrhundert, das die Menschen an der Weser mit Gütern aller Art auf dem Wasserwege versorgte.
Auf der rechten Seite segelt die **Hanni auf der Schweiburg**.

ROD 1
HANNI

Dort, wo die Hanni ihre Fahrten bei Hochwasser auf dem Weg zur Weser beginnt, ist das Leben in der **Schweiburg** bei Ebbe zur Ruhe gekommen. Da bleibt der Fußweg auf die Strohauser Plate über einen Steg nur Kennern vorbehalten (oben).
Mit dem bei **Ebbe** abfließenden Wasser modelliert die Natur kunstvolle Formen in den weichen Schlickboden der **Weser** (rechte Seite).

Aus einer ehemals landwirtschaftlich geprägten Gemeinde entwickelte sich **Nordenham** zu einer der bedeutendsten Städte in der Wesermarsch. Wo früher Ochsen zum Verschiffen durch die Stadt an die Pier getrieben wurden, sind heute Gewerbe- und Dienstleistungsunternehmen die Träger der Wirtschaft.
Weit abgesetzt von Arbeitsgeräuschen an der Weser kann man in der ruhigen **Fußgängerzone** oder auf dem **Wochenmarkt** einkaufen, bummeln und Bekannte zu einem Klönschnack treffen (diese und rechte Seite).

ZONE
Fisch Sieb
5,-

Nach wenigen Gehminuten von der Innenstadt aus ist der Leuchtturm an der **Weser** zu erreichen. Hier beeindruckt der weite Blick über das Wasser. Als besonders wohltuend empfiehlt sich ein Spaziergang am Ufer auf dem langen Strand in absoluter Ruhe und Abgeschiedenheit (oben).

Rhenus Midgard ist ein weltweit handelndes Transportunternehmen. Im Nordenhamer Stadthafen werden hauptsächlich Importkohle, tropische Hölzer und Stahlprodukte umgeschlagen (rechte Seite).

Das **Schwimmende Moor** bei **Sehestedt** ist der Rest eines sehr unterschiedlich bewachsenen Hochmoores aus dem Mittelalter. Seit dem 19. Jahrhundert wird die immer kleiner gewordene Fläche bei besonderem Hochwasser unterspült und dabei angehoben. Dieser wiederkehrende Vorgang führte zu dem inzwischen gebräuchlichen Namen dieser schwimmenden Moorinsel (diese und rechte Seite).

An drei Seiten ist die Halbinsel Butjadingen von Wasser umgeben. Außerordentlich gefragt bei den Sommergästen ist der an der Nordsee gelegene Abschnitt mit seinen Stränden und Badeorten. Der kleine **Fischerort Fedderwardersiel** zählt zwar nicht zu den ausgewiesenen Nordseebädern, wird aber wegen seiner besonders ruhigen und idyllischen Lage am Hafen gerne zum Entspannen und Fischessen besucht. Speziell beliebt sind die Fahrten am **Kutterwochenende**, wenn die Kutter mit ihren Gästen zu Fahrten in die Nordsee ablegen (linke Seite und oben).

Das **Nordseebad Burhave** entwickelte sich zu einem gefragten Badeort, der Abwechslung für jedes Alter bietet. Die Lage direkt an der südlichen Nordsee bedeutet für die Erholung suchenden Menschen Entspannung und Genesung in der frischen Seeluft.

Wenn das abgelaufene Wasser bei Ebbe den **Strand** freigibt, wird er zum beliebten Spielplatz der Kinder. Spaten, Schaufel und Eimer sind die Werkzeuge, mit denen die zurückgebliebenen Wasserflächen miteinander verbunden oder vertieft werden.

Die gesunde Nordseeluft und die sommerliche Sonne sind auch ein Garant für ausgebuchte Hotels und Ferienwohnungen im familienfreundlichen **Nordseebad Tossens** mit seiner Betriebsamkeit und dem Leben am Strand.

Von Butjadingen aus bieten die Küstenorte wie **Tossens** die Möglichkeit, an geführten **Wattwanderungen** durch das Naturschutzgebiet des Wattenmeeres teilzunehmen.
Wer Alleingänge in das Watt wagt, sollte sich allerdings mit den Tücken der Nordsee vertraut machen (Ebbe, Flut, Seenebel). Schnell aufziehende regenschwere Wolken, die ein steifer Wind dem Festland zutreibt, haben zudem schon zu mancher unangenehmen Überraschung geführt.

Bildnachweis:
Seite 30 Lürssen Werft
Seite 31 Klaus Jordan

Bibliografische Information Der Deutschen Bibliothek
Die Deutsche Bibliothek verzeichnet diese Publikation in der Deutschen Nationalbibliografie;
detaillierte bibliografische Daten sind im Internet über <http://dnb.ddb.de> abrufbar.

ISBN 978-3-89995-967-3

Gedruckt bei Isensee in Oldenburg